SOPA DE LIBROS

© Del texto: Ana García Castellano, 2003
© De las ilustraciones: Ximena Maier, 2003
© De esta edición: Grupo Anaya, S. A., 2003
Juan Ignacio Luca de Tena, 15. 28027 Madrid
www.anayainfantilyjuvenil.com
e-mail: anayainfantilyjuvenil@anaya.es

1.ª edición, septiembre 2003
12.ª impr., marzo 2013

Diseño: Manuel Estrada

ISBN: 978-84-667-2441-8
Depósito legal: M-42245-2011

Impreso en ANZOS, S. L.
La Zarzuela, 6
Polígono Industrial Cordel de la Carrera
Fuenlabrada (Madrid)
Impreso en España - Printed in Spain

Las normas ortográficas seguidas en este libro son las establecidas por la
Real Academia Española en su edición de la *Ortografía* del año 1999.

García Castellano, Ana
Marcela / Ana García Castellano ; ilustraciones de Ximena
Maier. — Madrid : Anaya, 2003
80 p. : il. col. ; 20 cm. — (Sopa de Libros ; 92)
ISBN 978-84-667-2441-8
1. Relaciones familiares. 2. Niños. I. Maier, Ximena, il.
087.5:82-3

Marcela

SOPA DE LIBROS

Ana García Castellano

Marcela

Ilustraciones
de Ximena Maier

ANAYA

Para Alejandro,
Carlos y Jaime.

SOY MARCELA

Me pusieron Marcela
porque a mi papá le gusta
mucho. Dice que así se llama
una señora muy guapa que sale
en un libro muy gordo y muy
antiguo. Mi papá, además,
sabe muchos números.
Se los enseña a los niños más
mayores, en un *cole* de mayores.
Mi papá es muy bueno y no
les castiga casi nunca.

Mi mamá también sabe muchos números. Y tiene un jefe que se llama don Miguel. Es muy guapa, y canta muy bien, y toca el violín. Pero cuando se enfada no toca el violín, ni canta ni nada. Solo dice:

—¡Marcela, me pones de los nervios!

Y papá habla despacito:

—Tranquila, Bea, tranquila.

Como tengo cuatro años, ya voy a la clase de Olga, que es la *seño* más guapa y más buena de todo el *cole*.

Yo todavía no voy solita.
Me lleva mamá,
pero es muy fácil ir al *cole*.

Hay que ir muy deprisa
porque si no mamá llega tarde
a la oficina, y don Miguel
se enfada muchísimo.

Bajas en el ascensor, sales
a la calle grande de los coches,

tuerces por donde la tienda de las películas, compras un bollo en la panadería de María Luisa, cruzas la calle pequeñita (hay que cogerse de la mano para que no te pille un coche), y ya llegas al *cole*.

En el *cole* están mis amigos Óscar y Malena. Óscar tiene un hermano «más mayor». ¡Tiene ocho años!

Malena es mi mejor amiga, porque nos hicimos amigas cuando estábamos en clase de Vicenta.

Cuando empezó el colegio, un día, se me olvidó llevar la ficha que tenían que rellenar los papás.

Y Olga me preguntó:

—¿Cómo se llama tu mamá?

Yo sabía que mamá se llama
«mamá». Y Olga me cogió en
brazos:

—¿Cómo le dice papá cuando
habla a mamá?

Entonces me acordé, y le dije:

—Tranquila, Bea, tranquila.

Y Olga se rio mucho; porque Olga se ríe por muchas cosas, porque es muy buena.

Lo que más me gusta del *cole* son los cuentos. Pero no me gusta cuando nos tenemos que dormir la siesta. También me gusta jugar a los castillos con Malena y con Óscar.

Óscar, a veces, me dice que va a ser mi novio, y yo le saco la lengua, y él me tira de la coleta. Porque yo tengo una coleta. No es rubia, como la de Malena.

Yo soy un poco gordita, pero no tanto como Rosa

Aurora. Mamá siempre me dice
que no coma muchas *chuches*.
Y me lleva a la piscina.

Papá viene a buscarme un día
sí y otro no, porque los otros
días nos busca la mamá de
Malena.

A mí me gusta cuando viene
papá, porque es el papá más
guapo y más bueno de todos,
y nos hace trucos y adivinanzas.
Y nos saca euros de las orejas.
El hermano de Óscar dice que
los lleva escondidos, y se ríe,
pero yo sé que papá hace magia
porque sabe muchas matemáticas,
y lee un libro gordo y muy
antiguo, donde sale una señora

muy guapa que se llama Marcela, como yo.

Como hoy es martes viene papá a buscarme, y se viene Malena a casa porque mamá nos enseña violín a las dos.

Hay que poner dos palos así, uno en el hombro y otro en la mano... Esto es solo para acostumbrarse... Pero, con el violín de verdad, ya sabemos casi una canción.

Cuando sea mayor, voy a tocar el violín como mamá y voy a ser *seño* de matemáticas. Pero lo que más me gusta es hacer magia y sacar euros de las orejas...

A lo mejor, un día, nos vamos haciendo magia y tocando el

violín, papá, mamá y yo, en
un carro muy bonito, como sale
en un dibujo de un libro que
me regaló mi tía Merche.

Porque ella se sabe muchos
cuentos. ¡Por lo menos treinta
o cuarenta y siete! Lo que pasa
es que muchas veces está de viaje.
Yo le pregunto a mamá:

—¿Cuándo viene la tía
Merche?

—Está de viaje —contesta
mamá. Pero me enseña un
periódico y me dice—: Esto
lo ha escrito ella, ¿ves?: Mer-che
Ro-me-ro.

Por eso yo quiero aprender
a leer, para saber qué pone. A lo
mejor, cuando sea mayor, también
escribo todas las cosas que me
pasan, y pongo mi nombre en
un periódico: Mar-ce-la.

MARCELA Y EL PIS

He tenido una hermanita. Se
llama Daniela y es muy pequeña.

Es tan pequeña que no sabe
hablar nuestro idioma. Solo dice
ga-ga, egg-pfrrr, y cosas así,
que a papá y a mamá les da
mucha risa.

Yo ya soy mayor. Tengo cuatro
años, y por eso papá y mamá me
dicen que no se dice *rompido*
sino *roto*.

Daniela tampoco sabe dónde tiene la nariz, y eso también les da risa a mamá y a papá.

A mamá no le da risa cuando yo no sé dónde tengo el babi del colegio, porque yo ya he cumplido cuatro años.

Daniela es tan pequeña que se hace pis todo el día. No solo en la cama. Todo el día. Y también se hace caca. Y papá y mamá le ponen crema y polvos de talco, y unos pañales que le hacen un culete muy gordo.

Yo hace mucho tiempo que no llevo pañales, porque ya tengo cuatro años y he aprendido a pedir el orinal. Si me hacía pis, mamá arrugaba la nariz:

—Pero, Marcela, ¿por qué
no pides el orinal?

Y ya sé que tengo que pedir
el orinal.

Pero es que anoche me he hecho pis en la cama. Ha sido sin querer. Estaba así, dormida, y soñaba que me daban ganas de hacer pis. Y había un orinal muy bonito y muy grande, y yo me sentaba y hacía pis... Y me quedaba tranquila... Pero ahí fue cuando sentí así, un calorcito en el culete y en la tripa... Y luego

se puso frío... Y me desperté...
¡toda empapada!

No avisé a mamá porque
pensé: «ahora me dice que por
qué no he pedido el orinal. Y no
quiero que me diga que si no sé
pedir el orinal». Por eso no la he
llamado. Y cuando ha venido a
despertarme por la mañana se
ha dado cuenta:

—Pero Marcela, ¿por qué
no me has llamado?

—Para que no te enfadaras
—le he dicho yo.

Y mamá me ha cogido en
brazos, me ha dado un beso
muy gordo y me ha dicho:

—Bueno, ¿ves?, ahora le vamos
a decir a Daniela que tú, a veces

te haces pis, y hay que echarte
cremita y polvos de talco...
Pero que, como eres mayor,
la vas a enseñar muy pronto
a pedir el orinal, ¿verdad?

Y yo, cuando Daniela se hace
pis, le digo:

—Pero Daniela, ¿por qué
no has pedido el orinal?

LA ABUELITA

Este domingo me han llevado a ver a la abuelita. Mis papás van casi todos los domingos un rato por la mañana. A mí me dejan algunas veces con Alberto y Juan Carlos, que viven en la puerta de al lado, y me enseñan a hacer recetas de cocina con harina y agua..., pero hoy sí que he ido a ver a la abuelita.

Bueno, hemos ido todos, porque venía también Daniela, que es mi hermana, y es muy pequeña. Hoy viene para que la conozca la abuelita, que, como siempre está sentadita,

no puede venir a verla.

A mí me gusta ir a ver a la abuelita, porque no me dice «qué guapa estás», o «¿quién te ha comprado esa faldita?». Al revés, no te dice nada, solo te mira y se ríe. Y, si le coges la mano, se ríe más. Y, además, no le importa que la enseñes. Tú le dices:

—¿Ves? Esto es una pelota.

Y la abuelita coge la pelota.

No como Daniela, que, si le
das la pelota, la tira y te echa
saliva a la cara.

Por eso me gusta ir donde
la abuelita.

Hay que montarse en el coche, y salir por la carretera, donde hay muchos coches, que parece que te vas a dar un golpe.

Pero no te lo das porque mamá conduce muy bien, y nunca se mete donde están los otros coches.

Luego, llegas a una casa grande
con muchos jardines, y muchos
abuelitos y muchas abuelitas...

A algunos les dejan un cochecito
con ruedas, como el tacataca
que era mío y que se lo voy a
dar a Daniela.

Cuando yo sea abuelita, voy
a vivir en una casa como la de
la abuelita, y a lo mejor le dejo
mi tacataca a Daniela cuando
venga de visita.

Hoy, la abuelita estaba en
el jardín porque hacía sol.
Cuando me ha visto, se ha reído.

Entonces yo le he cogido
la mano y le he dicho:

—¡Vamos a jugar a mamás!

A mí me gusta jugar a mamás
con la abuelita porque le digo:

—Yo soy la mamá, y tú la niña
—y se ríe otra vez.

Y yo la llevo en la silla por
el jardín, lo mismo que mamá
lleva a Daniela. Papá me dice:

—Cuidado, Marcela, no vayas
deprisa.

Pero yo le pregunto a la
abuelita:

—¿A que no vamos deprisa,
abuelita?

Y la abuelita empuja así,
con la cabeza, para que corra.

Después de estar un rato
paseando, nos quedamos cerca
de la fuente, y entonces yo le
leo cuentos.

Hoy he llevado el de los
osos, el de los monstruos,
y el de la liebre grande
y la liebre pequeña... Este
es el que más nos gusta,
a la abuelita y a mí.

A Daniela todavía
no le gusta, porque
es muy pequeña...

Al final, la abuelita tenía que
comer... Y hemos ido al comedor,
que es como el del colegio,
pero con ventanas más grandes.
Entonces, le pregunté a mamá
si podía dar de comer yo a
la abuelita...

Y mamá me deja que le dé el
puré con la cuchara... Bueno,
se lo damos entre mamá y yo...
Y yo le digo a la abuelita:

—¡Atencióóón, otra cuchara!

Y ella se la traga y me pone la
mano en la cabeza... A veces echa
el puré fuera, como Daniela...
Y mamá le dice:

—Mamá, por favor, come.

Y es que mamá no se da
cuenta, que a la abuelita le

gusta jugar a mamás, y hace lo
mismo que Daniela, que cuando
le metes la papilla, la *espurruchea*
toda para fuera, y hay que darle
un poquito de agua. Así que yo
le digo:

—Es que quiere un poquito
de agua.

Y se la damos, y la limpiamos
con un babero grande.

Luego, se tiene que ir a dormir
la siesta. Yo empujo la sillita
hasta el ascensor. Le doy un beso
y le digo:

—Sé buena, ¿eh?

Y ella me toca la cabeza y se
ríe... Y luego, enseguida la sube
mamá. Y hoy, mientras mamá se
ha subido con la abuelita, papá

y yo nos hemos ido con Daniela
a buscar el coche. Y, como
siempre, nos hemos ido a comer
a un sitio, y mamá me ha dejado
pedir patatas fritas y huevos fritos.

Y estoy tan contenta que, el
próximo día que vayamos a ver
a la abuelita, le voy a llevar un
libro nuevo, que habla de tomar
la sopa... ¡Ya verás cómo le gusta!

SI ME QUEDO SOLA EN CASA CON LA TÍA MERCHE...

Si me quedo sola en casa con
la tía Merche, a veces me da por
pensar que papá y mamá se han
marchado para siempre; y que
mamá ya no jugará conmigo
a *¿a que no me coges?*; y papá
no me contará más cuentos,
ni vendrá a darme un beso de
buenas noches... y tendré que
hacerme yo sola la comida al
día siguiente...

Pero, luego pienso... que la tía
Merche sacará su guitarra, y
aprenderé una canción nueva,
y luego, la tía Merche me
contará *tooodas* las historias
de sus viajes.

Y me acuerdo de que me gusta
ver el álbum de fotos con la tía
Merche, y sentarme en sus rodillas
cuando trabaja en el ordenador,
para ayudarla dando a las teclas.

Cuando llega la hora de cenar:

—¡Vamos a hacer una tortilla!

Yo traigo los tomates para la
ensalada..., y le pongo
muuuuuchas aceitunas.

  ¡Qué rica está la cena
cuando la prepara conmigo
la tía Merche!
  Inventamos adivinanzas
mientras cenamos la tortilla:
  En mi plato hay más de una.
  ¡La aceituna!

La ayudo a recoger la mesa,
y nos metemos las dos en la cama
a leer un libro... hasta que me
quedo dormida y me da un
beso.

—Que duermas bien —me dice
la tía Merche.

Entonces sí que me duermo
enseguidita, porque sé que
luego, cuando sea muy de noche,
llegarán papá y mamá. Abrirán
la puerta despacito, vendrán
por el pasillo de puntillas, y me
darán un beso, con ciudado
de no despertarme.

Y a la mañana siguiente, mamá vendrá a hacerme cosquillas para levantarme de la cama, papá habrá preparado zumo de naranja, y desayunaremos los tres juntos con la tía Merche.

Y entonces me dan ganas de que llegue la semana que viene, y mis papás se vayan al cine, y yo me quede sola con la tía Merche.

EL CHICLE

¡Jooooooo! Ya sé que Malena es mi mejor amiga, que siempre vamos juntas a la piscina,
que una vez se quedó a dormir en mi casa y jugamos a las tiendas de campaña... Y también que su mamá nos lleva al cine, y luego vamos a merendar a su casa...

Ya lo sé, ya sé que Malena me deja su *bici* con ruedas pequeñas, y que siempre nos recogen juntas del colegio. Un día viene papá, y otro día viene la mamá de Malena...

¡Joooooo! si ya sé que Malena
es mi amiga más amiga...

Pero, es que el chicle me había
tocado a mí en la piñata del
cumple de Óscar... Y yo lo tenía
en el bolsillo del babi...

Olga siempre nos dice que no hay que comer chicle en la clase, pero me dieron unas ganas de comérmelo...

Y Malena me vio sacar el chicle y me dijo:

—Dame un trozo, dame un trozo.

Olga siempre dice que hay que compartir, pero yo quería comérmelo así, todo entero, el chicle, que me había tocado en el *cumple* de Óscar...

Tenía la boca llena de chicle. Estaba probando a hacer una pompa, que todavía no me salen bien... Y entonces Malena se puso a gritar, llamando a Olga:

—¡Olgaaaaaa! ¡Marcela está comiendo chicle, está comiendo chicle!

Y a mí me dio mucha, mucha rabia, y ganas de llorar... Porque me daba pena que Olga viera que no la hago caso, y que me tuviera que decir que no se come chicle. Y sobre todo: ¡me daban ganas de llorar porque Malena ya no era mi mejor amiga!

Tanta rabia me dio, que me saqué el chicle y se lo pegué a Malena en el pelo. Malena tiene el pelo largo y muy rubio. Pues le pegué el chicle en la cabeza, encima del todo.

—¡Mi pelo, mi pelo! —empezó a llorar Malena.

Olga vino, muy preocupada, y preguntó:

—¿Qué te ha pasado?

Y yo entonces también me eché
a llorar:

—Es que el chicle era mío, ¡era
mío!

Y también le dije que Malena
era una chivata...

Olga se enfadó bastante; y cuando vino la mamá de Malena a buscarnos, nos dijo que le explicáramos qué había pasado...

A Malena le han cortado el pelo. Y ha dicho mamá que esta semana ya no voy al Parque de Atracciones, ni luego me quedo a dormir en casa de Malena...

Pero ya hemos vuelto a ser amigas... Y le he comprado a Malena un paquete de chicles con la propina del domingo. Además, Malena está muy guapa con el pelo corto...

LA FOTO

Ayer vino Mateo con sus papás,
y estuvimos mirando las fotos
del verano.

Y mamá sacó la foto de las
uvas..., pero todos la llaman
de otra manera, que a mí me
da mucha vergüenza.

Nos la hicimos en el campo,
cuando fuimos de excursión
con la tía Vito y el tío Eduardo,
que son tíos de mamá.

A mí me daba un poco de vergüenza, porque no eran ni los abuelos, ni Alberto y Juan Carlos, ni la tía Merche.

Nos bañamos en un sitio que papá llama el embalse, y tiene

el agua muy fría, pero puedes

nadar mucho rato, y sabe buena;
no como la del mar, que si te
la tragas te dan ganas de
devolver.

Después nos pusimos a
comer en la hierba. Papá y yo
pusimos unos manteles en el
suelo, y la tía Vito sacó las
tarteras. El tío Eduardo fue
al pueblo a comprar fruta.
Y mamá le daba el biberón a
Daniela.

¡Cómo me gusta comer en
el campo, sentada en la hierba,
con el bañador puesto! ¡Y te
hinchas de croquetas y de tortilla
de patata y... de coliflor!

¡Coliflor!

Mamá había traído coliflor...
A mí me encanta porque es como
si te comieras arbolitos enanos.

—No comas tanta coliflor,
Marcela, que luego te da gases y
te duele la tripa —me dijo mamá.
Pero yo me comí cinco trozos
de coliflor...

Y luego, al final, el tío Eduardo
sacó de la bolsa unas uvas
gordas, gordas, en unos racimos
enormes... Y dijo la tía Vito:

—Vamos a hacernos una foto
comiendo estos racimos.

Y sacaron la máquina de fotos.
Todos nos cogimos un racimo
grande, y lo pusimos así, como
si fuéramos a tragárnoslo de un
bocado, mirando hacia arriba
con la boca abierta.

—Marcela —dijo papá—, ponte
más cerca del tío Eduardo...

Y yo me levanté un poco, para
cambiarme a un lado y...

¡Pppppppuufffff! Me salió un pedete... ¡Qué pedete! De esos que suenan, que Mateo dice que son una explosión...

Todos se echaron a reír, y yo me puse roja, roja... Y papá tiró la foto.

Y ahora, cuando la enseñan,
la gente dice:

—¿De qué os reíais tanto?

—Pues verás... —dice mamá.

Y cuenta la historia de las uvas.

Por eso, papá la llama «La foto
del pedete de Marcela».

A mí, al principio me daba
vergüenza, pero ahora también
me da la risa.

Escribieron y dibujaron...

Ana García Castellano

Es usted conocida como cuentacuentos, ¿el trato directo con los niños le ha permitido saber qué les interesa o les divierte más?

—Por supuesto. Uno de los grandes secretos para contar consiste en saber escuchar. Cuando cuento a los niños, estoy atenta a lo que dicen y a lo que callan. Porque sus palabras y sus silencios abren las ventanas a los mundos que les bullen dentro. Basta con asomarse, mirar... ¡y dejarse sorprender! Me divierte mucho descubrir que nos «caen gordas» las mismas cosas y que tenemos preferencias muy parecidas.

—Las cosas que le suceden a Marcela se hacen muy cercanas a un lector de esta edad. ¿Cómo surgió la idea de escribir sobre las peripecias cotidianas de una niña de cuatro años?

—Antes he dicho que escucho a los niños cuando cuento. Pues tengo que añadir que, a menudo, también me siento a charlar con la niña que anda por ahí, en algún lugar dentro de mí. Hablamos de aquello que le importa, de lo que le contaron y nunca le interesó, y de aquello que deseó escuchar o leer, y nadie llegó nunca a contarle. En una de esas conversaciones surgió Marcela. Nos cayó tan bien, que le pedimos que se quedara a vivir entre nuestros libros preferidos... Y aceptó encantada.

—*¿Cómo ha sido el trabajo con Ximena?*

—Antonio Ventura me enseñó sus trabajos. Me gustó el movimiento y el color de sus personajes, la vida que da a las escenas que crea. Cuando vi los primeros bocetos, me dije: «esta es Marcela». Y Ximena siguió adelante: Daniela, los papás, el cuarto de Marcela... No existen los obstáculos para los pinceles de Ximena... En cuanto hablábamos sobre un rasgo o un ambiente, su varita mágica lo hacía aparecer como por ensalmo. De ese modo, intercambiar opiniones, charlar en su estudio con una taza de té entre las manos, ha sido un disfrute. Y una suerte trabajar con ella.

Ximena
Maier

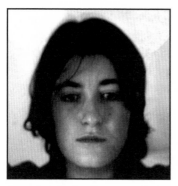

Ximena Maier nació en Madrid en 1975. Desde siempre le ha encantado leer y dibujar, así que, a pesar de los buenos consejeros que la empujaban hacia la Economía y el Derecho, estudió Bellas Artes en Sevilla e ilustración en Inglaterra. Ahora vive en Madrid, y ha conseguido que sus aficiones sean su trabajo. ¿Cómo empezaste a ilustrar libros infantiles?

Al terminar mis estudios realicé varios trabajos, uno de ellos fue la portada de una novela, pero mis comienzos se centraron sobre todo en ilustrar libros de texto. Y poco a poco he continuado ilustrando libros de ficción.

—*Además de la ilustración infantil, ¿trabajas en otras áreas, como el diseño gráfico, la animación, etc.? ¿En qué parcela te sientes más cómoda?*

Además de libros infantiles, ilustro revistas, libros de cocina, libros de viajes, algo de publicidad o lo que se tercie. De mi trabajo me gusta la variedad. Me permite saltar de temas muy diferentes, y nunca aburrirme. Lo que más me gusta de ilustrar libros de literatura infantil es que normalmente tengo más tiempo para hacerlos, y me puedo divertir y entretener en detalles, colores y temas.

—*¿Qué destacarías de este trabajo concreto?*

De *Marcela* me ha gustado que es un texto muy cercano. Me he divertido metiendo detalles de mi casa, mis recuerdos de infancia. Es un realismo muy fresco, inmediato, y lleno de humor. Disfruté mucho dibujando este libro.